JOSÉ EDUARDO CAMARGO

✶ ✶ ✶ ✶ ✶ ✶

L. SOARES

NO PAÍS DAS PLACAS MALUCAS

De Norte a Sul, uma divertida
viagem pela língua portuguesa

Este livro segue as normas do novo
ACORDO ORTOGRÁFICO

PANDA BOOKS

© 2011 José Eduardo Camargo e L. Soares

Diretor editorial
Marcelo Duarte

Coordenadora editorial
Tatiana Fulas

Assistente editorial
Vanessa Sayuri Sawada
Juliana Paula de Souza

Assistente de arte
Alex Yamaki

Estagiária
Leika Regina Inoue

Projeto gráfico, diagramação e capa
Gabriel Lovato

Impressão
RR Donnelley

CIP-BRASIL. CATALOGAÇÃO NA FONTE
SINDICATO NACIONAL DOS EDITORES DE LIVROS, RJ

Camargo, José Eduardo, 1972-
   No país das placas malucas/ José Eduardo Camargo e L. Soares. – 1.ed. – São Paulo: Panda Books, 2011. 36 pp.
   il.

ISBN: 978-85-7888-142-9

1. Literatura de cordel brasileira. I. Soares, L. (Luís), 1971- II. Título.

11-2550   CDD: 398.5
                                                        CDU: 398.51

2011
Todos os direitos reservados à
Panda Books
Um selo da Editora Original Ltda.
Rua Henrique Schaumann, 286, cj. 41
05413-010 – São Paulo – SP
Tel./ Fax: (11) 3088-8444
edoriginal@pandabooks.com.br
www.pandabooks.com.br
twitter.com/pandabooks
blog.pandabooks.com.br
Visite também nossa página no Facebook e no Orkut.

PREFÁCIO

Educação só se faz com amor. Essa convicção eu carreguei comigo durante toda a minha vida, como professor, como pai, como cidadão.

E quando o assunto é Brasil, sempre há aquela pitada de alegria, de bom-humor, de irreverência.

O meu querido amigo José Eduardo Camargo, neste livro, mais uma vez, demonstra sua sensibilidade e seu carinho com as crianças brasileiras.

Neste país, placas malucas comprovam a criatividade e a nossa capacidade de comunicação. Você, leitor, talvez me questione: "E os erros de português?". Eu lhe respondo: "Fazem parte da nossa linguagem popular". Não veja isso como sinal de ignorância ou desrespeito ao nosso idioma. Os "erros", se é que podemos chamar de erros, talvez sejam intencionais. Muitas vezes, é no "erro" que está a graça. Nada de preconceitos.

Sejamos tolerantes e sigamos o pensamento dos autores: veja nas placas malucas não o "erro", mas a expressividade e a criatividade do povo brasileiro. Veja a alegria da nossa gente. Observe o amor com que José Eduardo Camargo e L. Soares ensinam a língua portuguesa às nossas crianças.

Parabéns aos autores que souberam ver, com muita sensibilidade, a capacidade criativa dos brasileiros de todos os cantos deste país.

E a você, leitor, bom proveito. Divirta-se e aprenda um pouco mais.

Sérgio Nogueira
Professor de língua portuguesa

Quem tem carro muito grande
Não vai nesse borracheiro
O lugar é tão pequeno
Que não cabe um carro inteiro
E nem cabem as letras todas
Nos dizeres do letreiro

Picos (PI)

Todo mundo pode entrar
Lá no baile do Havaí
Vá vestido como fruta
Manga, pera ou abacaxi
Nesse baile entra tudo
Só não entra acento ali

C.A.S.A
20º Baile do Hawai
14/02/04
Frutas a Vontade
Convites Limitados
Aqui

AVISO
É DEVER DO CONDUTOR DO ANIMAL RECOLHER E DAR DESTINAÇÃO ÀS SUAS FEZES.

Sempre fui um cidadão
Limpo e respeitador
Sempre recolhi as fezes
Do meu lindo labrador
Só não sei é quem recolhe
As fezes do condutor

São Paulo (SP)

DOCE DE COCÔ

Ao fazer doce de coco
É preciso atenção
Pois o coco há muito tempo
Já não tem acento não
E o pior é quando o acento
Sai da sua posição

Me bateu agora a fome
Mas não sei o que é que eu faço
Eu não sei se vou embora
Ou se peço um pedaço
Se aqui nessa pizzaria
Nem sabem escrever espaço

José de Ribamar (MA)

Dizem que se cura tudo
Com remédio natural
Quem toma essa garrafada
Não precisa de hospital
Só não descobriram a cura
Pro erro gramatical

Cabo de Santo Agostinho (PE)

Quem quer cabelo bonito
Vai direto no Wesley
Ele corta no estilo
Do topete do Elvis Presley
Já cortaram até o acento
Da tal máquina do Wesley

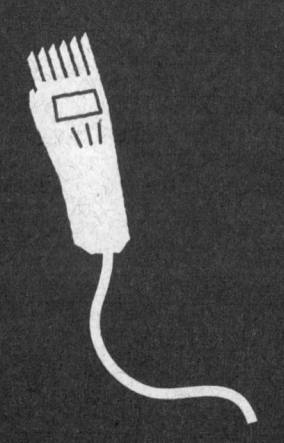

Trancoso (BA)

WESLEY
Cabeleireiro

Promoção

Corte na Maquina

3,99

No Nordeste ao jumento
Dão o nome de jerico
Tem também quem diga jegue
Asno, burro ou burrico
Mas ao dono dessa placa
Dão um nome que eu não explico

Montes Altos (MA)

Essa casa é novidade
No ramo imobiliário
Você compra e leva tudo
Leva até o proprietário
É assim que está escrito
Nesse aviso temporário

São Paulo (SP)

ロッボト
マスネランジア
ロボス
ベス

JAPAN

KASTYSUBA

NESTE LOCAL ESTA
EXPOSTO O 1º E UNICO
ROBÔ PROJETADO E CONS-
TRUIDO NO BRASIL QUE
PEDALA BICICLETA

Vou contar agora a história
De um robô brasileirinho
Um robô que pedalava
Um robô pequeninho
Tão pequeno que hoje em dia
Dizem "Pedala, Robinho"

Serra Negra (SP)

PERIGO

ESTE PRODUTO É NOCIVO À SUA SAÚDE DEVIDO A SUA PELICULOSIDADE!
EM CONTATO COM A PELE LAVAR IMEDIATAMENTE COM ÁGUA E SABÃO

Se uma coisa é perigosa
Tem periculosidade
Mas eu nunca tinha visto
A peliculosidade
É um produto bem nocivo
À sua escolaridade

Pouso Alegre (MG)

Senhor dono desse sítio
Queira a placa corrigir
Pois não sei se o senhor sabe
Mas o certo não é "aquir"
"É aqui que está vendendo"
Disse o dono sem me ouvir

Caracaraí (RR)

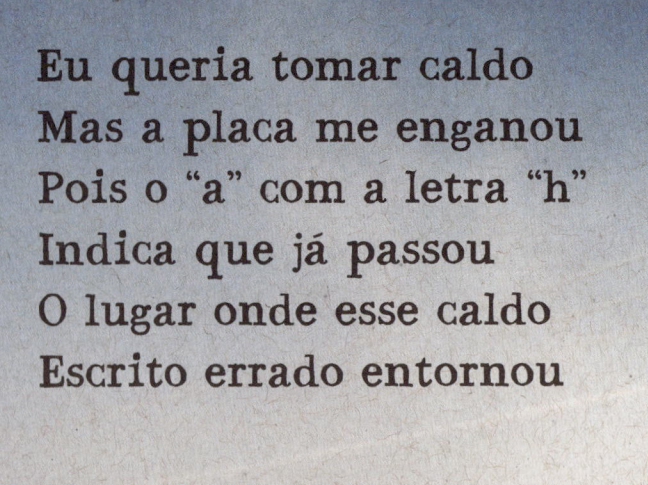

Eu queria tomar caldo
Mas a placa me enganou
Pois o "a" com a letra "h"
Indica que já passou
O lugar onde esse caldo
Escrito errado entornou

ROS
E
ANA

Jundiaí (SP)

Para ser bom vendedor
É bom cumprir o que promete
Eu topei com esse anúncio
Alugando quitinete
Mas mobília com "h"
É erro que compromete

Aracaju (SE)

Hoje é dia de alguém
Só não sei de quem é não
Se é dia das mulheres
Ou dia de São Cristóvão
Eu só sei que da doutora
Não é dia dela não

São Cristóvão (SE)

JACA
MOLI
JACA
DURA

Ouçam bem o meu ditado
Jaca mole em jaca dura
Jaca mole tanto bate
Tanto bate até que fura
E assim quem sabe um dia
Ninguém erre na escritura

Itaguaí (RJ)

Nunca vi um erro desse
"Esse" se escreve com "s"
Erro assim não se comete
Quem aprende não esquece
Esse eu não cometeria
Ainda mesmo se eu quisesse

Pelotas (RS)

> PROPIEDADE PROIBIDA
> PARA PESSOAS e ANIMAIS.
> NÃO JOGUE LIXO. ENTULHO
> NESTE LOCAL Aº Ricardo Simão

Nunca entra bicho ou gente
Na minha propriedade
Nem entulho ou objeto
Que não tenha utilidade
E não entra a letra "r"
Só de pura ruindade

Nepomuceno (MG)

Caranguejo sem o "n"
Nunca tem o mesmo gosto
Guaiamum que perde o "m"
Vira outro tira-gosto
Carne-seca sem tracinho
Deixa o povo indisposto

Ilhéus (BA)

Em Riacho Doce a praia
É uma praia muito chique
Pra chegar é só ir reto
Sem desvio que complique
Só que a placa mal escrita
Não tem cabra que me explique

Itaúnas (ES)

CASA DA CARNE NATURAL APOIO MATADORO INDUSTRIAL DE S. LUIS E MIUDOS

A carne do nosso açougue
É uma carne natural
Muito embora o matadouro
Seja todo industrial
Só a placa em nossa porta
É de origem artesanal

São Luís (MA)

Pro seu carro ficar limpo
Eu conheço o jeito certo
Eles dão ducha de graça
Em um posto aqui perto
Basta pôr a gasolina
E deixar o vidro aberto

Araçariguama (SP)

Se alguém aí conhece
Esse tal de senhor Nosco
Por favor que me apresente
Pra tomar café conosco
E aprender com o senhor Migo
Que o certo é conosco

Cabo Frio (RJ)

Desde que eu era criança
E aprendi o ABC
Leio tudo quanto é placa
Que aparece para eu ler
Pois nas placas desse mundo
Sempre há muito o que aprender

SOBRE OS AUTORES

* * * * * *

José Eduardo Camargo

É jornalista e redator-chefe dos guias *Quatro Rodas*. Trabalhou em várias revistas da área de turismo e esportes, como *Pesca & Companhia*, *Náutica* e *Família Aventura*, além da rádio Eldorado, de São Paulo. Fotografa há mais de 15 anos.

* * * * * *

L. Soares

Cordelista de origem cearense, migrou há 18 anos para São Paulo, onde trabalha na imprensa popular. É o autor de *A vitória de Ronaldo que valeu o Penta ao Brasil e a resposta de Felipão ao Capeta*, história em sextilhas da conquista da Copa do Mundo de 2002 pela Seleção Brasileira, publicada pela revista *Placar*.